彩绘·有声版

我的古代科学家朋友

徐鲁 著　书小宇 绘

鲁班的故事

山东文艺出版社

图书在版编目（CIP）数据

鲁班的故事 / 徐鲁著 ; 书小宇绘 . -- 济南 : 山东
文艺出版社 , 2024.5
（我的古代科学家朋友）
ISBN 978-7-5329-7164-0

Ⅰ . ①鲁… Ⅱ . ①徐… ②书… Ⅲ . ①公输般（约前 507
年 – 前 444 年）—生平事迹—少儿读物 Ⅳ . ① K826.16–49

中国国家版本馆 CIP 数据核字（2024）第 076478 号

鲁班的故事

LUBAN DE GUSHI

徐鲁　著　书小宇　绘

主管单位	山东出版传媒股份有限公司
出版发行	山东文艺出版社
社　　址	山东省济南市英雄山路 189 号
邮　　编	250002
网　　址	www.sdwypress.com
读者服务	0531-82098776（总编室） 0531-82098775（市场营销部）
电子邮箱	sdwy@sd.press.com.cn
印　　刷	济南新先锋彩印有限公司
开　　本	890 毫米 × 1240 毫米　1 / 32
印　　张	3.75
字　　数	60 千
版　　次	2024 年 5 月第 1 版
印　　次	2024 年 5 月第 1 次印刷
书　　号	ISBN 978-7-5329-7164-0
定　　价	29.00 元

致小读者们

　　亲爱的小读者们，你们一定知道"鲁班"这个名字吧？

　　鲁班是生活在中国古代春秋战国时期的一位能工巧匠，也是古代的一位大发明家。鲁班被中国的工匠艺人尊为祖师，在劳动人民的心目中，也享有极高的威望。

　　有一个成语叫"班门弄斧"，班门，是指鲁班的门前；弄斧，就是耍弄斧子的意思。这个成语是说，要是没有一点儿真手艺、真本事，却敢在鲁班门前耍弄斧子，那就有点儿自不量力了。所以，人们常用这个成语讽刺那些不懂得谦虚、喜欢在行家面前卖弄本领的人。

在中国的民间，流传着很多关于鲁班的故事，以至于老百姓都把鲁班当成了能工巧匠的化身、一个传说中的人物。

其实，鲁班是古代一位真实存在的匠人。他姓公输，名般，古代"般"和"班"同音，两个字可以通用，所以人们常称他为"鲁班"。还有的古书里称他为"公输子""公输盘""鲁般"。

鲁班出生在鲁国。他生活的年代，大约是在周敬王十三年（公元前507年）到周贞定王二十五年（公元前444年）之间，即春秋末期到战国初期。

鲁国的都城在今天的山东曲阜。鲁班的家乡在离曲阜不远的滕州。根据考古发现，滕州被认为是中华民族最早的文明发源地之一。除了鲁班，中国古代有名的哲学家、科学家、军事家，被人们誉为"科圣"的墨子，还有大家熟悉的奚仲、孟尝君、毛遂等有名的历史人物，都是滕州人。

鲁班出生于手艺世代相传的工匠之家。鲁班的父亲是当地有名的木匠，鲁班从小就特别喜欢看父亲和别的匠人一起做木工活儿，稍微长大一点儿后，鲁班就开始跟随父亲和村里人参加一些土木建筑劳动。所以，鲁班十岁的时候，就能熟练地使用木工工具了。

少年鲁班慢慢地学会了许多生产劳动的技能，积累了丰富的劳动智慧和经验。这些技能、智慧和经验，为鲁班长大后成为一位杰出的工匠和发明家打下了良好的基础。

鲁班一生有很多发明创造。他发明的一些劳动工具，使工匠们从最初的繁重和笨拙的劳作中解放了出来，不仅节省了力气和时间，提高了劳动效率，而且也大大提升了工艺质量，一些工艺产品和劳动工具变得更加精美、实用和耐用。所以，鲁班成了劳动人民心中智慧和工艺的化身，受到了劳动人民的爱戴和尊敬。

鲁班的创造发明，包括木工工具、古代兵器、农业机具、仿生机械等。现在木工匠人们还在使用的很多工具器械，都是鲁班发明的，比如曲尺（也叫"矩""鲁班尺"）、墨斗、刨子、钻子、凿子、铲子、锯子等。他的这些发明被分散地记录在了战国以后的典籍中。

中国古代的《事物绀珠》《物原》《古史考》等涉及工艺内容的书籍里，也有关于鲁班事迹的记载。

历朝历代的民间故事和歌谣中，有关鲁班的传说也有很多。全国几乎每个地方的民间故事和歌谣里，都有鲁班的影子。

为了纪念这位工匠艺人的祖师，纪念这位中国土木建筑业的先驱，我国相关部门在建筑工程行业设立了一个最高奖，名为"鲁班奖"，全称是"中国建设工程鲁班奖"。

今天，我们国家正在大力弘扬和提倡"工匠精神"。在鲁班这位古代的能工巧匠和大发明家身上，就体现了一种从实践中获得真知，以及取长补短、一丝不苟、勤于探索、敢于创新、团结协作的"工匠精神"。

那么，亲爱的小读者们，请跟我来，我们一起去认识这位"鲁班爷爷"。不过，我们得先从鲁班幼小的时候讲起……

扫码免费听全书

目录

看热闹的小孩

扫码听本篇

　　鲁班小时候，是一个十分喜欢看热闹的小孩。村里村外，只要哪里有热闹，母亲就准能在哪里找到小鲁班。

　　母亲很担心，这样玩下去，小鲁班的心会不会收不回来了？

　　鲁班的父亲倒是一点儿也不担心。鲁班的父亲是一位有名的木匠，有时候外出干木工活儿，他还会特意把小鲁班也带上呢。在父亲开木料、刨木花的时候，小鲁班就在一旁好奇地观看。

　　一根圆滚滚的粗大的木头，眨眼间就被父亲开成了平展展的木板；父亲刨出的木花，一卷儿一卷

儿的，像小
河里翻起的
波浪……

只要是
父亲做的木
工活儿，乡亲们就没有不竖起大拇指的。小鲁班觉
得自己的父亲好了不起！

他想："等我长大了，要是也能成为像父亲这
样的手艺人，该多好啊！"

有一天，该吃午饭的时候，母亲发现小鲁班还
没有回家，便到处寻找。直到天色已经黑下来，星
星渐渐升起，母亲才在村头找到他。

原来，小鲁班一整天都在这里看几位木匠师傅
做窗子，连午饭都忘了回家吃。幸好有位木匠师傅
给了他一点儿干粮，勉强垫了垫肚子。

母亲又好气、又有些心疼地揪了揪鲁班的小耳

朵，说道："你可把我吓坏了！我还以为是从山上下来的狼把你给叼走了呢！"

披着满天的星光，母亲把小鲁班领回了家。

跟往常一样，母亲又向鲁班的父亲告状道："你看，你把儿子惯成什么样子了！看木匠师傅做窗子着了迷，都不知道回家了！"

鲁班的父亲却一点儿也不生气，笑着安慰妻子道："不用担心我们的班儿，你难道没听人说过吗？小时候喜欢看热闹，长大了就会看门道。"

"我只听说过，'外行看热闹，内行看门道'，"妻子嗔怪丈夫道，"你就接着惯这个孩子吧。"

"班儿已经懂事了，喜欢看热闹，也知道看门道了。从明天起，我就开始手把手地教班儿手艺，就从当小木匠开始吧，往后还能给我当个帮手。"

就这样，当木匠的父亲成了小鲁班的第一位师傅，小鲁班成了和父亲形影不离的"小学徒"。

聪颖、勤快的小鲁班，果然没有让父亲失望。

他心灵手巧，学艺学得可快了！不论是什么木工手艺，只要看父亲做上一两次，小鲁班很快就能学到手。

有一天晌午，小鲁班提着一个蝈蝈笼子，满头大汗地跑回了家，兴奋地说道："母亲，您看，大肚子蝈蝈！"

母亲惊喜地问道："你自己捉来的？"

小鲁班得意地说："可不是吗！这家伙伏在豆叶上，咽咽咽地唱得正带劲，被我悄悄地给捏住了。"

"当心哟，蝈蝈是会咬人的，"父亲说，"咦，这个蝈蝈笼子编得不赖呀！哪里来的？"

"我自己用高粱秆编的呀！"

"什么？你自己编的？"父亲惊喜地问道。

小鲁班说得没错，这个小巧的蝈蝈笼子，正是他用几根高粱秆横竖编织在一起，然后用麻绳扎紧制作出来的。

　　还有一次，小鲁班看见母亲坐在炕上搓麻绳搓得很吃力，就自己动手做了一个纺线锤送给母亲，使母亲节省了不少力气。

又有一次，他看见姐姐的针线箩筐因没有地方放而搁在了炕头上，时常被调皮的小花猫给踩翻。于是，小鲁班找来几块木板子的边角料，悄悄做了一个木箱，送给姐姐放针线和鞋样。

没过多久，乡亲们都开始把鲁班的父亲称作"老木匠"，把鲁班唤作"小木匠"了。

小鲁班学艺

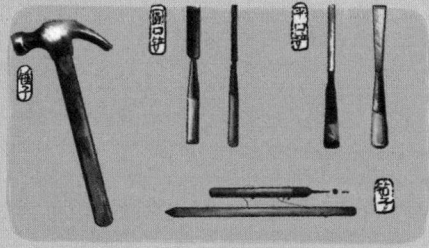

扫码听本篇

　　鲁班有两个哥哥，大哥叫鲁拴，二哥叫鲁宾。

　　三兄弟里，就属小鲁班最勤快，大哥和二哥平时都有点儿懒。所以父亲和母亲都对小鲁班格外疼爱，认为小鲁班将来也一定最有出息。

　　大哥和二哥有多懒呢？

　　这么说吧，他们的父亲是木匠艺人，按说，这兄弟俩正好可以"近水楼台先得月"，跟着父亲多学点儿手艺。可是，大哥和二哥从出生到长大，锛子倒了也不知道扶一下，斧子掉了也不知道捡起来。锛子、凿子、斧子、锯子，他们都没有动过一下。

　　鲁班却从小就格外勤快好学，经常跟在父亲身

边，不是帮着拉墨线，就是帮着搬木料，干些力所能及的活儿。

到了夜晚，小鲁班就坐在油灯下，帮母亲搓细细的麻绳。母亲会用这些麻绳，给父亲和他们三兄弟纳出厚厚的、结实的鞋底。

小鲁班学艺可用心啦！

白天，他仔细观察父亲怎么扬起锛子、挥起斧头，准确地修砍着一块块木料，准确地挖出想要的榫头与卯眼。

到了晚上，小鲁班就会独自跑到木工房里，拿起一把小锛子或小斧子，找出几块被父亲废弃的木料，不停地练习手艺，直到自己也能准确地使用锛子和斧子，挖出想要的榫卯结构来。

鲁班还只有六七岁的时候，就能独自把圆滚滚的木头砍成一样形状的方条，也能在粗大的木头上挖出一样大的空洞。

长到十来岁的时候，木工房里所有的家什，他都运用自如。斧子、凿子、锛子之类的，到了他手上，都变得十分麻溜和灵巧。

因为白天黑夜都在用心学艺，成天不闲手，所以鲁班十几岁时就能独自做出小木柜、小板凳、小木箱一类的木器了。

有一天，鲁班看见母亲坐在炕上搓麻绳、打线很吃力，就悄悄找来一些小木料，给母亲做了一把坐上去很舒适的小椅子。

　　"母亲，坐在椅子上搓绳、打线比盘着腿省力，也不会腰痛。"

　　"班儿，还是你最有心呀！要是你的两个哥哥都能像你这样，那我就省心多了！"

　　"母亲，大哥、二哥不是也会下地耕种吗？慢慢地，哥哥们也会变勤快的。"

　　当然，鲁班的大哥、二哥比较懒散，很可能是后来人们的猜测和传说。大家不妨想一想，鲁班的父亲是一位勤劳、本分的手艺人，母亲是一位勤俭持家的慈母。有这样的家风和家教，两个哥哥也不会比鲁班差很多吧？后来之所以会有这样的传说，只是为了用大哥、二哥的懒散，衬托小鲁班的勤快和好学上进吧？

藤条上的小齿子

扫码听本篇

锯子是鲁班较早发明的一件常用的木工工具。

在发明锯子之前，人们无论是伐木还是下料、开板子，以及做门框、窗户格子和家具之类的，能使用的只有斧头。不仅干起活儿来效率低，做出的东西也比较粗糙。

有一年，青年鲁班接受了兴建一座大宫殿的任务。

因为工期很紧，用材量又很大，所以鲁班就让徒弟们上山伐木。但用斧头砍伐树木非常吃力，效率也很低下。几天过去了，砍下的木料仍然没有多少。

鲁班急得团团转，打算亲自上山去看看。

可是，去山上伐木，根本没有平缓的路可走，只有一些弯弯曲曲的羊肠小路。鲁班只好顺手抓起一根藤条，用力拉着向上攀爬。

不料，他的手被什么东西划出了一道口子，顿时鲜血直流。

鲁班好奇地看了看那些藤条和野草，它们又不是刀，也没有刀刃，怎么就能割破手指呢？

他蹲下身仔细观察了一会儿，发现有的草叶两边长着很多尖尖的小齿，他的手指正是被这些细小的齿割破的。

锯子的由来

鲁班灵机一动，草叶有齿就能割破手指，如果仿照着制作出一种带齿的铁器，不就可以割断树木了吗？

他把自己的这个想法，讲给了一位跟自己要好的铁匠师傅。他还要铁匠师傅趁热打铁，照他送去的带齿的草叶的样子，打出了一根带齿的铁条，然后拿到山上去做试验。

两个人来回拉动着铁条，不一会儿，竟然把一棵粗大的树木给锯倒了。这不仅节省了时间，还节省了不少力气。

鲁班和那位铁匠师傅都很开心。两个人赶紧下山，想要制作出更多的锯子……

直到今天人们还在使用的锯子，就这样被鲁班发明了出来。

锯子是木工制造业和土木建筑工程中经常要用到的一种工具，作用可大了！后来，人们又在劳动中不断改进，创造出了包括电锯在内的各种各样的锯子。人们都没有忘记，发明锯子的祖师，正是充满智慧的鲁班。

慈母手中线

扫码听本篇

　　鲁班的母亲，是一位心灵手巧、勤快能干的农家女子。

　　鲁班在少年和青年时代发奋学艺的时候，母亲给过他许多帮助和鼓励。鲁班娶妻成家以后，贤惠的妻子也成了他学艺路上的好帮手。

　　我们知道，木匠们在用锯子锯木头时，事先要用墨线打出线条，作为下锯子和拉锯子过程中的准线。不然，锯子不知不觉就跑偏了。

　　鲁班跟着父亲学艺的时候，就经常帮父亲拉住墨线的一头。父亲用一只手拉着另一头，然后用另一只手弹出墨线的痕迹。

有一次，鲁班在家里做木工活儿，用墨斗放线的时候，因为身边没有其他木匠，就请母亲来帮忙。

　　他让母亲帮忙拉住墨线的一头，自己在要下锯的木料上弹出了几条清晰的墨线痕迹。

　　"每次拉墨线，都得找一个人来帮忙，还挺麻烦的呢！"母亲提醒鲁班道，"要是身边没有人帮忙，那不就拉不成墨线了？得想想办法才好呀！"

"是呀，是得想个办法了。"鲁班若有所思地说。

因为母亲的提醒，鲁班一连琢磨了好几天。

经过几次试验后，他和母亲一起，在墨斗放出墨线的一头拴上了一个小钩子。放墨线的时候，只要用小钩子钩住木料的一端，就可以拉住线。一个人也能顺利地操作，稳稳地弹出墨线痕迹。

可不要小看这么一个小钩子。有了它，就能省出一个人手来呢！

因为墨斗上的这个小钩子，是母亲帮着鲁班想出来的，有了它，鲁班再也不用麻烦母亲了，所以后世的木匠艺人为了纪念这个小发明，也为了表达对鲁班

的母亲的尊敬，就把墨斗上的这个小钩子称作
"班母"。

做木工活儿的人都知道，木匠们在刨木料时，
会把选好的木料放在固定的板凳面上。板凳前端
那个可以顶住木料的卡口，有个特别的名称，叫
"班妻"。

这是什么意思呢？

其实，这和"班母"名称的来历一样，都包含
着后世人的一种纪念和尊敬。

据说，青年鲁班
学手艺的时候，需要
刨木料时，会请自己
的妻子帮忙扶着木
料。后来，他又发明
了可以固定木料的卡
口，就不再需要人帮

忙扶住木料了。所以，在前端顶住木料的这个卡口，就有了一个特别的名称——"班妻"。

不是十分专业的木匠艺人，可能都不知道"班母""班妻"这两个名字，更不会知道关于它们的来历的传说了。

古代的一本典籍上记载，鲁班的妻子云氏，也是一位出色的手艺人。木匠艺人都把鲁班的妻子尊称为"鲁班师娘"。

据说，我们现在还常见到的那种油纸伞，就是"鲁班师娘"从一座小凉亭上获得启发，发明和制作出来的。

会走动的 "小亭子"

扫码听本篇

　　凉亭，也叫"茶亭"。过去在很多乡村的路边、山脚下、渡口边，都能见到这种小小的、简易的凉亭。

　　小亭子一般都比较简易，有的是用粗壮的木头搭起柱子，用细小的茅草编织成亭盖，再搭盖上毛毡。稍加讲究一点儿的茶亭，为了防止木头腐朽，会用石柱撑起顶棚，顶棚上的瓦用的是乡间土窑里烧出来的泥瓦，将其平整地铺上去，雨水便漏不到亭子里。倒是亭子顶盖上的瓦缝里，一年年会长出不少有着顽强的生命力的瓦松和野草。

　　有了这样一个小小的亭子，无论是进山客、打柴的人、挑着担子从山道上走来的老人，还是从外地来的货郎担、过路人、等待过河的贩鱼郎，走过五里十里，累了渴了，都会在此暂且小歇。亭子四周摆放着挑子和担子之类的。虽然他们素不相识，但这也好像一次小小的聚会，他们各自谈论着近来的喜怒哀乐和听到的新鲜事。

凉亭的一角还会放着一口大缸，大缸里面每天都会盛有新烧的茶水。喝水的器具不过是三四只装有长柄的舀子，放在大缸上面的盖子上，谁想喝就自己去舀，喝完再把舀子放回原处。

在茶亭里坐下来歇歇脚的人，哪个不是勤爬苦做的劳动者呢？所以，大缸里的茶水只要能解渴解乏，就是好茶水，谁还会去在乎和讲究别的呢！

如果你想多听上几个乡间故事和笑话，那就在这样的茶亭里多坐上几个时辰。在这些引车卖浆、南来北往的劳动者的说说笑笑之间，也许总会有几个故事和笑话是适合你听的，是你听了之后就再也不会忘记的。

听了两三个故事和笑话之后，歇脚的行人又有了一身的力气和对明天的信心。他们交流一下各自的方向，就挑起担子、挑子继续赶路了。日复一日，年复一年。茶亭里的聚会，从早到晚。

小小的茶亭给人们送来了清凉和润泽，也在人们心头留下了淡淡的乡思和乡愁。

嫁给鲁班以后，“鲁班师娘”看到丈夫成年累月地在外面给人盖房屋、做木工活儿，风里来雨里去，太辛苦了！她琢磨了好久，能不能做出什么东西，让丈夫外出时可以随身带着，刮风、下雨、飘雪时，可以遮挡一下呢？

有一天，鲁班和妻子一起出门给人家赶工，回家路上，突然下起了大雨。

鲁班夫妻俩赶紧跑到路边的一个小凉亭里，一边躲雨，一边休息。

"人家都说你手艺好，可是，天天出门赶工，日晒雨淋，你就不能想个办法挡一挡吗？"

"有办法啊，你看这个小亭子，不就是我和徒弟们想出来的吗？搭建在这里，供过路的人躲雨和歇脚，"鲁班笑着说，

"这办法不坏吧？大热天能遮住太阳，下雨天和下雪天又能遮蔽雨雪。"

"鲁班师娘"环顾着小凉亭，仔细地看了又看，摇摇头说："这小亭子倒是好，又能歇脚，又能避免日晒雨淋。不过，出门的人总不能老是待在亭子里吧？"

鲁班说："说得也是！你有什么好主意？你也想想。不过，总不能一步一个小凉亭吧？"

"一步一个小凉亭？"

说者无心，听者有意。"鲁班师娘"听了鲁班的话，眼睛顿时一亮！她想，要是真能做到"一步一个小凉亭"，不就再也不用遭受日晒雨淋了吗？

想到这里，"鲁班师娘"又格外仔细地把这座小凉亭看了又看，好像要找出什么门道。

回到家里，她找来一些竹子，将其整齐地截开，做成一组组骨架，又用结实的麻绳扎成一个小亭子的样子，上面再糊上可以防雨的油纸。

"鲁班师娘"心灵手巧，把这个"小凉亭"做得轻轻巧巧的。因为骨架是灵活的，所以能撑开，也能收拢，携带起来也不占地方，十分方便。

她耗费了好几天的时间，反复试验了很多次，最终制作出了一把既可以撑开又能够收拢的雨伞。

这天，"鲁班师娘"撑开这把雨伞，走到鲁班面前，笑着说："你看，这不就是你说的'一步一个小凉亭'吗？"她让丈夫外出赶工时背在身后，有需要时就拿出来遮阳挡雨。

鲁班一看，又惊又喜，连声说道："好手艺！好手艺！一个会走动的'小亭子'，我怎么就没想到呢！"

鲁班打心眼儿里佩服心灵手巧的妻子。从此以后，人世间就有了雨伞这种日常用具。

不过，很少有人知道，发明雨伞的人是"鲁班师娘"，而她的灵感来自一座小小的亭子。

直到今天，小小的雨伞，一直是人们生活中不可缺少的日常用具。各种美丽的花伞，不仅能给大人和小孩遮阳挡雨，有时也成了舞台上的道具和年轻人的时尚装饰。

诗人艾青写过一首诗——《伞》，赞美了雨伞无私的美德。这不能不让人想起和感谢发明了雨伞的人：

　　　　早晨，我问伞：
　　　　"你喜欢太阳晒
　　　　还是喜欢雨淋？"

　　　　伞笑了，它说：

"我考虑的不是这些。"

我追问它：

"你考虑些什么？"

伞说：

"我想的是——

雨天，不让大家衣服淋湿；

晴天，我是大家头上的云。"

万里拜师

扫码听本篇

　　父亲告诉鲁班，在离家上万里的终南山上，有一位老匠人，他精通各种木匠活儿。要是能拜他为师，把各种木匠手艺学到手，将来再带出一茬儿一茬儿的徒弟，就不愁盖不出全天下最牢固、最好看的房屋了，也不愁做不出全天下最精致的木器家什了。

　　父亲的描述让年轻的鲁班心驰神往，他下决心要去终南山拜访这位老木匠，跟着他学艺。

　　于是，鲁班告别了家人，带上一些干粮，带上一个小包裹——里面有母亲为他缝制的两套用来换洗的衣裳，还有母亲亲手做的两双有着厚厚的"千层底"的布鞋——独自踏上了拜师学艺的长途。

披星戴月、风餐露宿地走了十多天后，鲁班来到了一座大山脚下。

"这恐怕就是终南山了。"鲁班说着紧了紧身上的小包裹，好像看到了希望。

山脚下有一栋低矮的茅草屋，屋门口坐着一位老奶奶。她正在一边晒日头，一边搓麻绳。

鲁班走上前，深深作了一个揖，说道："老人家，请问终南山离这里还有多少里？"

老奶奶回答道："直走一百里，弯走三百里；三百座山头，三百个神仙。你这个远道来的后生，要找谁呀？"

"哦，我想去投奔木匠师傅，学点儿手艺，不知该从哪条山道上去？"

"九百九十九条山道，正中间那一条就是了！"

看来，老奶奶不是一般人啊！从她口里说出来的话，很是"深奥"。

好在鲁班是个聪明人，一点就通。

他又连忙作揖，谢过了好心的老奶奶。他选择了正中间的那条山路，向山顶攀去。

到了山顶，鲁班看见，树林深处有一栋小屋。"想必这就是木匠师傅的住处了。"鲁班心中大喜。他接着小声问道："屋里有人吗？"

叫了几声都没有回应，鲁班迫不及待地轻轻推开了屋门。

只见屋子里横七竖八地放了一地的木工家什，甚至都没有落脚的地方。鲁班再朝里屋一看，一位白头发、白胡须、白眉毛的老人家，正躺在床上呼呼地睡着大觉，响亮的鼾声听上去就像一阵阵滚雷。

"这一定就是手艺高超的木匠师傅了，"鲁班心想，"老人家睡得正香，可不能吵醒他，让他多睡一会儿吧。"

于是，心地善良、总喜欢为他人着想的鲁班，没

有上前去打搅老人，而是轻手轻脚地把摊在地上的
锛子、斧子、墨斗、锯子等工具都一一收捡起来，
整齐地放在了不同的木工箱子里。

　　费了好长时间，总算把乱糟糟的屋子收拾清爽
了，鲁班依然没有上前去打搅老人，而是安安静静、
规规矩矩地在一条长凳上坐下，耐心地等着老人家
醒来。

　　白胡子老人这一觉睡得可真沉哪！翻了好几次
身都没有醒，一直到太阳快要落山的时候，他总算
是醒了。

　　鲁班恭敬地走上前去，双腿跪在地上，说道："师傅，我叫鲁班，今天特意上山来拜您为师，请求师傅收下我这个徒弟。"

　　老人坐在床上，捋着白胡须，问道："你是从哪里来的？"

　　鲁班回答道："我是从万里之外的鲁家湾来的。"

　　"哦，走的道可不近哪！为什么一定要来找我学艺呀？哪里找不到一两个技艺高超的老木匠呢？"

“不瞒师傅说，家父就是当地的一位木匠。不过，家父说，您是黄河两岸远近闻名的木匠师傅，跟着您学艺，才能学到最好的手艺！”鲁班如实回答道。

“哦，既然如此，那我倒要考一考你。答对了，我就收你为徒；答不对，可别怪我不收你，你怎么来的，还得怎么回去。”

鲁班有一点儿担心，就央求道：“请师傅允准，要是我今天回答不上来，就容许我明天再回答；哪天回答上来，师傅就哪天留下我。”

“这个要求我可以答应。那你可要听好了：要盖普通人家住的三间房子，需要几根大柁、几根二柁、几根檩子、几根椽子？”

鲁班张口答道：“普通人家住的三间房子，得三根大柁、三根二柁，大大小小二十根檩子，另加一百根椽子。”

"这是谁告诉你的？"

"是家父在我五六岁时告诉我的，我从小就数过的。"

"一项手艺，有的人三个月就能学到手，有的人却需要三年时间才能学到手。你能不能告诉我，花费三个月和三年学的手艺，分别学在了哪里？"

鲁班想了想，回答道："花费三个月学的手艺，学在眼睛里；花费三年学的手艺，扎根在心里。"

老人捋了捋白胡子，轻轻地点了点头，继续问道："一个木匠师傅，教会了两个徒弟。大徒弟凭着一把斧子，挣下了一座金山；二徒弟凭着一把斧子，在人们的心里留下了一个名字。你若是学手艺，愿意跟着哪个徒弟学？"

鲁班不假思索地回答道："当然愿意跟着第二个徒弟学。"

"哦，看来我是难不住你啦！这样吧，你要真有心跟着我学艺，就得学会使用我的这些破烂儿家把什。我已经很多年没有使用它们了，你拿过去，把它们一一修理一下吧！"

于是，鲁班站起身来，把自己刚进门时收捡进木工箱里的那些家把什一样样地拿了出来。他端详着它们，思索着该怎么修理它们。

把生锈的斧子，磨得锋利。

把断齿的长锯，磨出尖齿。

把没刃的凿子，磨出刃子。

把没柄的锛子，安上手柄。

把干枯的墨斗，装进墨汁。

…………

鲁班耐心地做好了这些活儿，老人家一一看在眼里。

这一天，老人家接过鲁班手里的凿子，给鲁班擦了擦满脸的汗珠，满意地说道："好孩子，为师在苦苦等待这样一个徒弟，等了很多年，今日总算是等来了！你跟我来，从今日起，我一定把我所有的手艺都传给你！"

说完，老人家就把鲁班领到了西边的一间屋子里。

进屋一看，鲁班的眼睛一下子就睁大了，惊喜得不得了！

原来，这间屋子里摆满了老人家亲手做的各种精美的模型，无论是亭、台、楼、阁、桥、塔，还是桌、椅、橱、柜、箱、凳，应有尽有，个个美不胜收。

木匠师傅说："从今日起，你先把为师做的这些东西一一拆散了，好好琢磨琢磨，然后再一一复原。记住，每一个模型，都要多拆几遍、多组装几遍。你是个聪明的后生，'师傅领进门，修行在个人'，这话到什么时候也不过时啊！你好好地专心在这里学艺吧，为师这辈子学到的手艺，以后就靠你传下去了。"

　　木匠师傅说完，带上门走了出去。

　　从此，鲁班开始了自己的学艺生涯。

师傅的嘱咐

扫码听本篇

鸡鸣风雨，柳色秋风。勤奋学艺的鲁班，在木匠师傅身边度过了一个个春夏秋冬。三年的时光不知不觉就过去了，鲁班的木工手艺越来越精湛了。

这一天，师傅为了试试鲁班的手艺，就把屋子里所有完整的模型都给拆散了。

"师傅，这么精致的东西，每一个都浸润着您老人家的心血，拆了多可惜啊！"

"鲁班啊，旧的不去，新的不来。师傅做出来的东西好是好，可是师傅最想看到的是，你做出来的东西能比为师做出来的东西更好！"

鲁班懂了。没过多久，他凭着自己的记忆，又

重新制作出来一套完整的模型。

这还不够，年迈的师傅又提出了不少新的模型样式的要求，让鲁班凭着自己的悟性一一制作出来。

这时候，鲁班已是艺高胆大，十分自信。

他经过仔细的研究，没用几天，就按照师傅的要求，把一些连师傅都没有做过的新模型给做了出来。

师傅一一看过，甚是满意，不住地点头，说道："果然比为师做得更好啊！"

有一天，师傅把鲁班叫到跟前，依依不舍地说道："鲁班呀，你已经跟着我度过了三载，你的手艺，师傅看在眼里，我是一百个放心。你收拾一下，

明天就准备下山回乡去吧。你还年轻，得去开创自
己的事业呀！"

　　鲁班听后，知道师傅对他的手艺感到满意，心
里不免有点儿惊喜。说实话，离开家乡这么久了，
他也有点儿想家，想念自己的家人。

　　不过，鲁班也真心舍不得离开教了他三年手艺
的师傅，说道："师傅，我的手艺离您的要求还有
不少距离，我还要再学三年呢！"

师傅笑了笑，说道："为师明白你的意思。以后你要用自己的手艺，好好地为乡亲们盖房子、做家什，继续提升自己吧！为师这一辈子哪怕只教出一个像你这样的徒弟，也值得了！你下山去吧！"

　　自己的爱徒要走了，师傅琢磨着该送给他一点儿什么东西呢。

　　"鲁班呀，你要走了，为师没有什么礼物相送，你亲手磨过的那些斧子、锯子、凿子、锛子，都在那个木箱里，你把这些都带走吧，算是留个念想，也不枉我们师徒一场。"

　　鲁班一听，眼睛顿时湿润了，扑通一下给师傅跪下了，说道："师傅教了徒弟三年，徒弟却两手空空，真是惭愧啊，连给师傅买块布料做件新衣裳的钱都没有。"

　　师傅一听，满怀欣慰地笑着说："你有这个孝顺的心意，师傅就很满足了。鲁班，你记住，师傅什么也不要，只要你以后不要丢了师傅的名声就够了。"

鲁班噙着眼泪拜别了师傅，走下了高高的终南山。

下山后，鲁班没有忘记那位住在低矮的茅屋里、为他指过路的老奶奶。为了报答老奶奶的恩情，鲁班用了几天时间，砍来一些木料，运来一些石料，在山下为老奶奶盖好了一间宽敞明亮的房屋，让老奶奶住了进去。然后，鲁班才轻松地踏上了回乡的路。

从此，鲁班牢记师傅的嘱咐，很珍惜师傅送给他的斧子、锯子、凿子等木工家什，一年四季都忙着为老百姓做事，留下了很多动人的故事。

取长补短

扫码听本篇

　　墨子，名翟（dí），是和鲁班生活在同一个时期的智慧超群的人。他是我国古代杰出的思想家、哲学家、科学家、军事家和教育家。墨子的学说，被后世称为"墨家学说"，墨子是墨家学派的创始人。

　　比如，"兼爱"和"非攻"，就是墨家学说的重要主张。意思是说，天下人都应该抱持大爱之心，相亲相爱，不应该随意发动进攻他国、以强凌弱的战争。

作为古代杰出的科学家，墨子创立了以几何学、物理学、光学、天文学为基础的一整套科学理论。

比如，关于宇宙，墨子认为，宇宙是一个连续的整体，个体或局部都是由这个统一的整体分出来的，都是这个统一的整体的组成部分。正是从这样的宇宙观出发，墨子建立了关于"时空"的理论。他把时间定名为"久"，把空间定名为"宇"，还明确了"久"与"宇"的含义："久"就是包括古、今、朝、暮的所有时间；"宇"就是包括东、西、中、南、北的所有方向和空间。

再比如，墨子在数学方面也提出了一些科学的概念。"倍"的概念就是墨子最先提出来的。关于"倍"的定义，墨子说："倍，为二也。"即原数加一次，或原数乘以二，二尺就是一尺的"倍"。还有关于"同长"的概念，墨子说："同长，以正相尽也。"即两个物体的长度正好互相对应，完全相等。还有关于"平"的概念，墨子说："平，同高也。"意思是，同样的高度为"平"。再比如，关于"中"的概念，墨子定义道："中，同长也。"物体的中心，就是与物体表面距离都相等的那个点。还有关于"圆"（《墨子》里写作"圜"）的概念，墨子定义道："圜，一中同长也。"即与中间一个点相同的长度。在墨子出生之前，圆规已经出现并得到了应用，但给"圆"做出精确的定义，是墨子的首创。

墨子还定义了"正方形"，认为四个角都是直角、四条边长度相等的四边形就是正方形。用直角曲尺可以画出和检验正方形。可见，墨子对"平"与"圆"等数学概念的定义，与西方欧几里得几何学中的定义几乎一致。

墨子和鲁班还是同乡，都是当时的鲁国滕州人。对于墨子这样一位大学问家，鲁班早有耳闻，而且打心眼儿里敬重和佩服他。

有一次，鲁班用木头和竹片之类的东西，精心设计和制造出了一只鹊鸟。只要开动一个机关，这只大型的木鸟就能飞动起来，跟一只活的大鸟一样。

木鸟在天上一连飞了三天都没有落下来，四周的百姓都跑来围观，人山人海，大家赞不绝口。

为此，鲁班心里十分得意。

可是，墨子见到鲁班后就给他泼冷水，说道：

"请原谅我的直率，你做的这只木鸟，根本算不上巧。"

"你说什么？"鲁班没想到会有人小瞧他的"得意之作"，就颇不服气地大声说道，"这还不算巧吗？你也造一只给我看看呀！"

65

墨子说："这只木鸟还不如车轴上的木销子灵巧。车轴上的木销子，几斧子就可以砍出一个，虽然小巧，但插在车轴上却能承载五十石的货物。何为'巧'？至少应当是对人有用的。你制造的这只木鸟，飞得倒是挺高，可是对人到底有什么用处呢？对人无用，那就不是'巧'，而是'拙'。"

墨子的一番话顿时让鲁班瞠目结舌，无言以对。

还有一次，鲁班为楚国人制造出了用来舟战的钩拒。"钩"，在舟船后退时可以用来钩住；"拒"，在舟船前进时可以用来阻挡。结果，一场舟船大战之后，楚国人因为有了钩拒，打败了越国人。

为此，鲁班又是一番得意，跑去见墨子，对墨子炫耀道："我造的钩拒，在舟战时能够帮人取胜，不知你天天挂在口头上的'义'和'爱'，是否也有'钩拒'的作用？"

墨子淡淡地回答道："算是让你猜对了，我所说的'义'，也是有'钩拒'的，而且我的'钩拒'胜过你的'钩拒'。"

"真的吗？快说来听听，我倒是想开开眼界。"

显然，鲁班并不相信。

"我的'钩拒'是用来钩住道义和仁爱的，只要大家互相爱护，就会彼此帮助，这正是我所说的'兼相爱，交相利'。而你的'钩拒'就不同了！你钩别人，别人也钩你；你拒别人，别人也拒你。这是交相钩、交相拒，是互相伤害，而不是'交相利'，不是彼此帮助。你想想，如果所有的人不是'交相利'，那必然就是'交相害'。所以我说，我的'钩拒'要胜过你的'钩拒'。"

鲁班听了墨子的讲解，仔细一琢磨，顿时心悦诚服，羞惭地说道："没见到先生的时候，我确实不知什么是'巧'和'义'，现在我总算是明白了。如果是不义的事，即使利再大，也不应该去干啊！

先生是有大智慧之人，请原谅我的糊涂吧。"

从此，鲁班更加懂得，天外有天，凡事都应该向有智慧的人请教，取长补短，虚心学习。只有这样，手艺才能有所长进和不断提高。

无私的协作

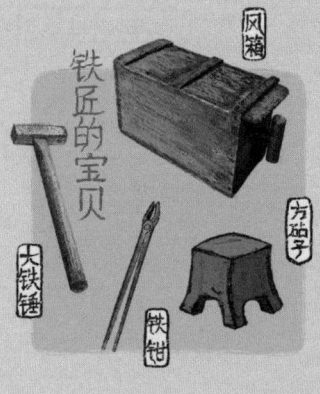

铁匠的宝贝

风箱

大铁锤

铁钳

方砧子

扫码听本篇

　　自古以来，勤劳智慧的中国劳动人民，不但懂得取长补短的道理，而且也具有团结协作的美德。

　　老一辈的中国人都知道，各行各业的手艺人都有自己尊敬的祖师。比如，木匠和瓦匠的祖师是鲁班；纺织业的祖师是黄道婆；油漆匠和彩画匠的祖师是吴道子；铁匠的祖师是李老君；饮食业的祖师是彭祖……

　　鲁班不仅是一位木匠艺人，像搭建梁柱、盖房子、砌墙这些属于建筑工人的手艺，他也样样精通。

　　民间传说，李老君是和鲁班生活在同一个时代的一名打铁匠。两个人都是勤劳、聪慧、特别喜欢帮助穷苦百姓的手艺人，两个人的艺德都得到了百姓们的夸赞和敬重。

当然，无论是当木匠还是做铁匠，一年四季披星戴月地走村串户、穿山越岭，风里来雨里去，都很辛苦。但是再苦再累，他们依然保持着对各自手艺的热爱；再繁重的工作，也压不垮他们急他人所急、为他人造福的美好情志。而且他们在平凡的劳动中，又渐渐悟出了分工合作、团结协作的道理。

据说，李老君最初当小铁匠时，家里很穷，锤子、砧子、风箱这些家什，一样都没有。那他怎么干活呢？

民间传说，当初李老君干活时，因为没有家什，只好"拳头打铁嘴吹风"。意思是，没有锤子，就用拳头当锤子；没有砧子，就用膝盖当砧子；没有风箱，就用嘴巴当风箱。所以，为了赶出一件成品，李老君不得不光着膀子，鼓胀着腮帮子，一面用力吹风，一面握着拳头打铁。这样一来，他每天都不免被烫伤手掌、臂膀，每天累得腮帮子又痛又痒、肿胀得难受……

这当然只是带有想象和夸张意味的民间传说。在实际生活中，是不可能"拳头打铁嘴吹风"的。人们之所以这样想象和夸张，只是为了突出李老君最初当小铁匠时的贫穷和艰难。

有一天，李老君又坐在炉子跟前，鼓着腮帮子吹火，两只手不断地翻转着炉子里烧得通红的铁块。

鲁班背着木工家什外出做工时路过这里，正好看到了这一幕。

他十分同情李老君，心想："木匠、铁匠，还有石匠、瓦匠、补锅匠之类的，其实都是天底下受苦受累的手艺人。我怎么忍心看着李老君这样赤手空拳地在炽热的烈火里讨生活呢？"

于是，善良的鲁班走上前去，笑着说："嘿，老

弟，这样赤手空拳地对付这些铁家伙，可不行呀！"

"没有办法呀！"李老君摊开双手，苦笑着说，"我的全部'家当'，就在这一双粗大的手上啊！"

"这样干下去，你就是不被活活累死，迟早也会把自己给弄伤的，"鲁班说，"让我来想想办法吧。"

"你做木匠也不容易，不好连累你吧？"李老君很是感谢，但又有点儿疑虑。

"让我试试吧。"鲁班把自己的主意说给了李老君。

原来，鲁班想给李老君制作一个木头风箱，再

凿一个石头砧子，还要用一根滑溜的木棒做把柄，做出一把石头锤子。

李老君听了，自然欢喜得不得了！

要知道，铁匠只要有了这三件家什，再干任何铁匠活儿，都不会那么吃苦受累了。

鲁班回到家里，顾不上吃饭和睡觉，忙找来材料，反复琢磨和试验，连夜给李老君做好了这三件家什。

为了让李老君不再吃那么多苦头，第二天一大早，鲁班就把三件家什送到了李老君的手上。

李老君惊喜

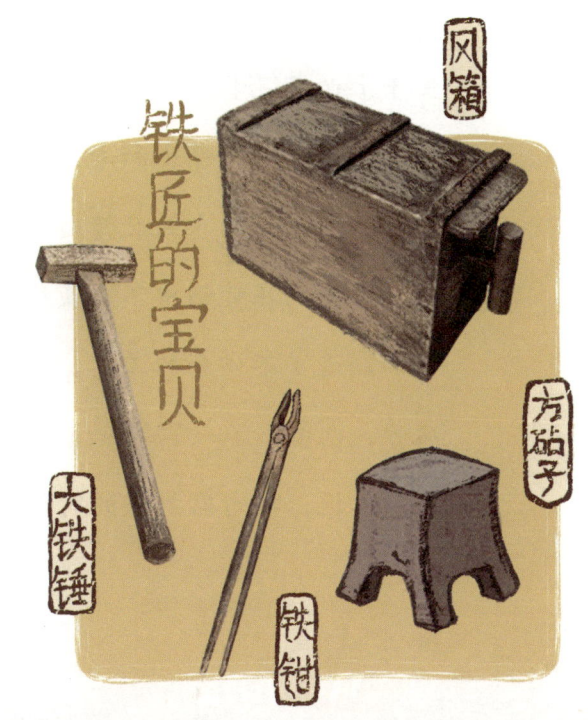

万分，立马生起火炉，把三件家什一一试了试，真是又顺手又省力，还避免了对皮肉的伤害。

"鲁班师傅，你给我送来的，可不是三件普通的打铁的家什啊，这是三件'无价之宝'啊！"李老君感动得流出了泪水。

"别客气，老弟，谁叫咱们都是手艺人呢！又有分工，又能合作，这应是咱们这些行当的本分哪！"

得到了鲁班师傅的热心帮助，李老君再打起铁来，就又快又好又省力气了。再难对付的生铁，在他手上也变得十分"听话"。

从此以后，鲁班和李老君两个人，虽然所干的行当不同，但两人的交情越来越深，合作也越来越密切。他们在劳动中不断获得新的启发，又联手发明和制造了不少新的工具，给后代人立下了很大的功劳，也留下了一笔笔珍贵的财富。

据说，李老君打铁的时候，还喜欢边打边说一句口头禅："往日你烧我一层皮，今日我剥你千层衣。"

直到今天，有的铁匠在打铁时，仍然喜欢把这句口头禅挂在嘴边，直到把一块块生铁锤打得一层一层地掉"黑皮"才算完呢！

铁匠出身的李老君，后来被打铁业尊为祖师爷。而木匠鲁班和铁匠李老君无私协作的美德，也被传颂到了今天。

石磨和碾子

石磨

扫码听本篇

　　进入农耕时代之后，古代的劳动人民开始种植和收获农作物，每年都有了维持生活的口粮。可是，怎样去掉谷物的皮壳？怎样捣碎豆子、麦子等谷物，获得里面的淀粉？长期以来，这些问题也在困扰着人们，这些劳动也成为人们日常生活中较为烦琐的劳作。

　　最初，人们要想去掉谷物的皮壳，就得用石头把谷物压碎或捣碎。后来，人们又学会了把收获的谷物放进石臼或石槽里，再用杵（木棒）来捣碎。虽然有了石臼和木杵这样的劳动工具，比以前有进步，但还是比较费时费力。

石磨

传说，是鲁班最先发明了石磨。他在两块比较坚硬的、经过了凿磨的石头上面，各凿上一些浅槽，就像咬口一样。两块石头上下合在一起，靠人力转动和磨合，就能把谷物磨成粗细不一的面粉了。这就是石磨的诞生。

有了石磨，就把原先的石臼和木杵的上下运动变成了旋转运动，也把石臼和木杵的间歇性劳动变成了连续性劳动，大大降低了劳动强度，节省了很多人力，也提高了生产效率。

后来，充满智慧的鲁班又发明了碾子。

一天，鲁班牵着一头小黑驴外出赶工时，路过一户人家门口。

他看见，一位大嫂正在那里用木杵和石臼舂米。木杵，就是一根棒槌似的圆木棒，上头细，下头粗；石臼，就是在一块圆石头上凿了个坑窝。

那位大嫂抓起一把谷子放进石臼里，捣了好半天，还没舂出来一把米。鲁班看到那位大嫂这样舂米太吃力了，就想："难道不能想个办法，造出一个比这个更好用的东西吗？"

　　就在这时，他牵的那头小黑驴可能是站久了，想活动一下腿脚，一蹄子就把那个圆圆的石臼给踢倒了。

　　石臼骨碌碌地从簸箕上滚了过去，碰洒了里面的谷子，接着又从谷子上压了过去。

　　"哎呀，你这头小犟毛驴，这下闯祸了！对不起这位大嫂啦！"

　　鲁班赶紧走上前，一面向大嫂道歉，一面帮大嫂收拾谷子。

　　突然，鲁班仔细看了看被圆石臼压过的粮食，若有所思地自言自语道："好了，这下可有门道了！"

　　"门道？什么门道？把谷子碰洒了，还有什么门道？"那位大嫂不解地问道。

"大嫂，你不要着急。这回可好了，我给你造一个东西，往后你再也不用费这么大的力气和这么多的功夫舂米了。"

于是，鲁班就近挑选了一块大青石，从装工具的褡裢里掏出了钻子。不到半天的工夫，他就把大青石凿成了一个碾盘，然后又照着圆石臼的样子，做了一个石磙子。为了让石磙子滚动起来，鲁班又在石磙子两边凿了圆孔，安上了木柄。

"来吧，小黑驴，既然是你闯了祸，那你就将功补过，给人家干半天活儿吧！"

鲁班把小黑驴牵过来，给它套上了架子。小黑驴围着碾盘转着圈儿走，很自然地就拉动了石磙子。石磙子一圈儿一圈儿地转动，很快碾盘上的谷子就被碾碎了……原本要费大半天时间才能舂好的米，仅仅一个时辰就被碾出来了。

石磨和碾子

石碾

　　当得知站在眼前的这个人，就是到处都在传扬的鲁班师傅时，这位大嫂不禁惊喜地说道："难怪今天一大早，村口就有喜鹊喳喳地叫，原来是鲁班师傅来了！快，快进屋喝口热水，歇息歇息。"

　　"大嫂，等过几天，我忙完手上的活计，再给村

85

里凿上两台碾子。这样，村东村西各有一盘碾子，乡亲们碾起米来就方便多了。"

"那敢情好啊！还是鲁班师傅有办法呀！"大嫂欢喜地说道。

就这样，人世间出现了第一个石碾子。鲁班不仅发明了碾子，也给后世留下了用小毛驴拉碾子的习俗。

鲁班锁和木车马

扫码听本篇

　　一定有小朋友听说过鲁班锁，或者是玩过鲁班锁吧？

　　鲁班锁有点儿像小朋友们玩过的魔方，既能锻炼和开发人的大脑，考验人的智力，也能训练手指的灵活度，使人的身心得到放松。所以，无论是成年人还是少年儿童，一旦被神奇的鲁班锁所吸引，就会欲罢不能，越玩越觉得鲁班锁内部奥妙无穷，总想弄清楚它的结构和原理。

　　其实，鲁班锁神奇的原理，来源于中国古代充满智慧的工匠在建筑工程劳作中首创的榫卯结构。传说，这种锁是鲁班创造的，所以后世人称它为"鲁班锁"。

民间还传说，有一次，鲁班为了测试自己儿子的脑力，看看他是不是聪明，就用六根木条制作了一个可以拼插、也可以拆卸的木质玩具，叫儿子自己拆开。

鲁班的儿子也像鲁班小时候一样聪明，脑子灵活。一般的大人都很难解开鲁班制作的这个玩具，但鲁班的儿子转来转去，忙活了一夜，竟然把这个玩具给拆开了。

这种木锁，外观看上去是一个严丝合缝的十字立方体。它周密的结构，全是靠着榫与卯、凸与凹形成的三维的拼插与咬合来完成的，

十分巧妙。因为形状和内部构造各不相同，但又环环相扣，所以只要有一处拼插得不对，就会全部出错。就像现代的密码锁一样，只要其中一个密码数字记错了，就会全部出错。所以，这种木锁无论是拼插还是拆解，都不是那么轻而易举的。拼装时需要仔细观察，开动脑筋琢磨和记住它的内部结构。

鲁班锁的种类也是各式各样、千奇百怪。其中最简单的，是被称为"第一代"和"第二代"的鲁班锁，是有六根榫子的；更为复杂的，被称为"第三代"的鲁班锁，是有九根榫子的。鲁班锁的结构方式，又有"六合榫""七星结""八达扣"等。光是从这些名称上，就不难想象它们环环相扣的复杂结构。特别是九种榫形的鲁班锁，要同时满足不同数量、实现四种重叠的咬合结构，简直太神奇了！

正因为它太难拼插，也太难拆解，所以人们还给鲁班锁起了很多形象的外号，例如"别闷棍""莫奈何""难人木""烦人锁"等。

民间还有传说，这种木锁不是鲁班发明的，而是三国时期的诸葛亮根据中国古代八卦的原理发明的。诸葛亮还有一个名字——"孔明"，所以，鲁班锁又被称为"孔明锁"。

一个小小的鲁班锁，代表的却是中国劳动人民的高超的智慧和技艺，以及一丝不苟、别出心裁的"工匠精神"。

鲁班不仅是一位手艺精湛的木匠，也是一位技巧高明的机械发明家。我们在前面讲过，他发明和制造出了一只会飞的木鸟，这只木鸟能乘着风力飞上高空，飞了三天都没有降落，引来四周的很多百姓观看，甚至引起了墨子的好奇。

　　这虽然带有夸张的神话色彩，但也足以说明，鲁班的机械发明技艺是十分高超的。

　　传说，鲁班还凭着精湛的木工技艺，大大改进了当时的车辆的构造，制造出了一种机动的木车马。

这种木车马，由一个木头人驾驭，车上装有一种特殊的机关。只要打开机关，车子就能自动往前行驶，非常适合作战时使用。

　　在鲁班之后，有很多发明家，像三国时期的马钧、晋代的区纯、北齐的灵昭、唐代的马待封等，都受到了鲁班发明的木车马的启发。他们沿着这种思路，继续改进了战车。

多才多艺

扫码听本篇

　　鲁班的主要身份是木匠，但是他多才多艺，触类旁通，对许多手艺行当都做出过贡献。

　　比如，他建造过房屋，这是泥瓦匠、建筑工的事；他发明了石磨和碾子，还会凿石、造桥、雕刻，这是石匠的事；他发明过钩拒、木车马、云梯等，这是军事和兵器行当的事；他还发明过鲁班锁，这是机械制造业的事……

　　河北有一首著名的民歌——《小放牛》，咏唱的是一座有名的古代石拱桥赵州桥的故事。

　　美丽的赵州桥，坐落在河北省石家庄市赵县南郊的洨河上，是中国古代桥梁建筑中的一座代表性桥梁。赵州桥又名"安济桥""大石桥",是一座"敞肩式"的单孔圆弧形石拱桥。这座桥建于隋朝大业年间（约公元 605 年至公元 618 年），距今已有一千四百多年的历史。据桥梁学家论证，像赵州桥这样的拱桥，在欧洲一直到了十九世纪才出现，比我国晚了一千二百多年。

千百年来，赵州桥承受着车辆的反复碾压、人与牲畜的常年踩踏，也经受了大大小小十数次地震、战火的考验，饱受了暴风骤雨和山洪灾害的侵袭，至今仍傲然屹立在河水之上。驾

石飞梁的美丽姿态，像长虹卧波，也似苍龙凌空。

那么，赵州桥是谁修建的呢？

这个常识，许多小朋友都知道，它是我国古代造桥匠人李春主持修建的。因为这座桥，李春成为中国历史上著名的建桥大匠之一。当然，参与修桥的不仅仅有李春一个人，石匠李通等人也参加了赵州桥的修建。

可是，河北的民歌《小放牛》偏偏是这样咏唱的：

　　　　赵州桥是什么人修？

　　　　玉石栏杆是什么人留？

　　　　什么人骑驴桥上走？

　　　　什么人推车轧了一道沟？

　　　　赵州石桥是鲁班爷爷修，

玉石栏杆是圣人留。

张果老骑驴桥上走，

柴王爷推车轧了一道沟。

…………

　　由此可见，自古以来，人们对鲁班的手艺是多么敬佩和爱护，对鲁班这个人又是多么拥戴和尊崇。人们恨不得把天下所有的工匠成果，都算到鲁班的头上；把古代劳动人民的集体创造和发明，都集中体现在鲁班身上。

　　虽然赵州桥不是鲁班修建的，但鲁班也会修桥，还会雕刻石头。有一本古书叫《述异记》，里面记载，鲁班曾用石头刻制过一幅立体的《九州图》。还有一本古书叫《列子》，里面还记载了鲁班雕刻凤凰的故事。

有一次，鲁班很想在石头上雕刻出一只凤凰。他试了好几次，都没有雕刻成功。

有人讥笑他道："算了吧，快不要自讨苦吃了。凤凰的羽毛那么细微，石头这么粗糙，怎么雕刻呢？"

鲁班却不服气，笑着说："只要手艺高超，就没有做不出来的东西。"

鲁班艺高胆大，对雕刻凤凰很有信心。

对别人的讥笑，他根本就不在乎，依然锲而不舍地一次又一次地试验着。

终于有一天，一只羽毛丰盈、神态逼真的凤凰被他活灵活现地雕刻在了一块大石头上。不论是谁见了，都不禁发出惊叹的声音："呀！简直就和活的凤凰一样！""鲁班师傅的手艺真是神奇极了，人间少见啊！这是从哪里学到的啊？"

面对人们的赞叹，鲁班心里只觉得美滋滋的。

那一刻，他不禁想到了师傅对他的嘱咐："只要你以后不丢了师傅的名声就够了。"

深明大义的匠人

扫码听本篇

　　鲁班生活的时代，正处于春秋末年和战国初期，各个国家之间不断地爆发战争。因为鲁班各种手艺高超，所以有的国家请他去帮忙制造兵器。我们在前面讲到过，他曾给楚国制造出了用于在江河湖泊上作战的钩拒。虽然钩拒在战争中发挥了作用，但鲁班也因此受到了墨子的批评。

　　战国初年，楚国要发兵攻打宋国。

　　鲁班的老乡、思想家和军事家墨子，一直是主张"兼爱"和"非攻"的。所以，他在鲁国得到消息后心急如焚，赶紧带上路上吃的干粮，披星戴月、风尘仆仆地赶到了楚国，想要阻止这场会造成生灵

钩拒　云梯　宋车马　连枷　铁蒺藜　拦马刺　拒马枪　双刃枪

涂炭的战争。

　　墨子到了楚国，拜见楚王道："我听说您要发兵攻打宋国，有这回事吗？"

楚王说："是的，你的耳目真灵通，这么快就知道了。"

墨子说："我还听说，您请来鲁班，制造出了攻城用的云梯。我想请问一下，您认为这个东西可靠吗？有了它就一定能取胜吗？"

楚国当时是大国，楚王一向傲慢惯了，仰着头说："有了鲁班制造的云梯，就是铜墙铁壁，我也能攻破。"

墨子说："那可真不一定呢！我来守城，您让鲁班来进攻，咱们试一试，看他能不能攻下来。"

墨子说完，解下自己的衣带，围成一个城池的模型，让鲁班用他制造的各种攻城器械来攻打。

鲁班一连攻了九次，不断变换攻城的器械，但始终都没有攻下来。鲁班把最后一件攻城的器械云梯也用上了，墨子守城的器械却还没有用完。

接着，换了鲁班来守城，墨子攻城。

墨子攻了九次，鲁班输了九次。鲁班很不服气，扔掉手中的器械，笑着说："我知道用什么办法对付你了，但我不说。"

墨子也笑着说："我知道你想用什么办法来对付我，但我也不说。"

两人的对话，把一直站在一旁观看的楚王给绕糊涂了。

楚王不解地问墨子："你怎么会知道鲁班对付你的办法？"

墨子说："鲁班的办法不过是杀了我。他以为杀了我，宋国就没人会守城了，殊不知我还有三百多名弟子。他们正拿着我制造的守城器械守卫在宋国的城头，就等着楚国来进攻呢。所以，即使杀了我，你们也攻不下宋城。"

楚王听后，大声说道："太妙了！先生不愧为善于守城的军事家啊！好吧，你和鲁班都放心地回

去吧，我决定不进攻宋国了。"

　　鲁班是一位深明大义的匠人。从这之后，鲁班渐渐受到墨子兼爱天下、反对战争的思想的影响。他听从了墨子的建议，坚决不再帮人制造用于战争的兵器和工具，而是专心致志地琢磨生产和生活用具的创造发明，一心一意地为老百姓和劳动者造福与服务。

　　如今，墨子的思想与智慧，已经成为中国传统文

化和中国古代科技进程中的宝贵财富。鲁班的发明
与创造，同样也成为中国古代劳动人民的勤劳智慧
和"工匠精神"的象征。从劳动实践中获得真知，
从一丝不苟的钻研中获取智慧，这同样是鲁班留给
后世的宝贵财富。